AF494096

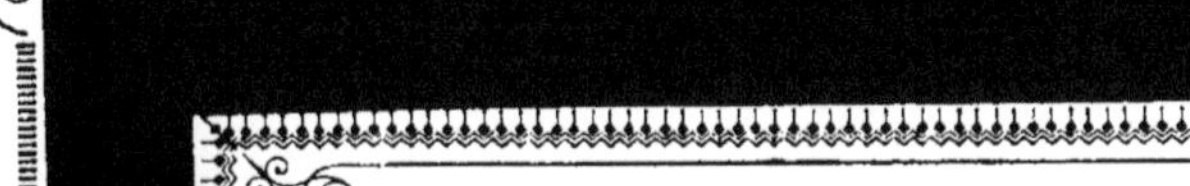

PORTRAIT GRAPHOLOGIQUE

DE

Mme ÉMILIE ITEY

ÉCRIVAIN POÈTE

ROUEN

IMPRIMERIE ESPÉRANCE CAGNIARD

rue Jeanne-Darc, 88

—

1888

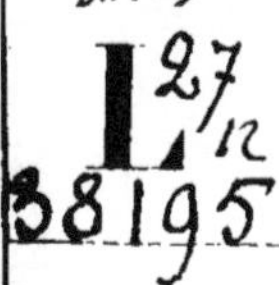

PORTRAIT GRAPHOLOGIQUE

DE

MADAME ÉMILIE ITEY

PORTRAIT GRAPHOLOGIQUE

DE

Mme ÉMILIE ITEY

ÉCRIVAIN POÈTE

ROUEN

IMPRIMERIE ESPÉRANCE CAGNIARD

rue Jeanne-Darc, 88

—

1888

PORTRAIT GRAPHOLOGIQUE

DE Mme EMILIE ITEY, ÉCRIVAIN POÈTE

CRITURE des idéalistes, nature franche, croyante, loyale et parfois même un peu naïve, de cette naïveté qui ne croit et ne peut croire au mal; modestie naturelle, craintive et sans audace marquée, bonne, douce, facile et toujours prête au bien; tel est le premier coup-d'œil jeté sur l'écriture de la femme-poète que nous analysons.

Cette dernière a l'esprit élevé, montant facilement dans les nuages et s'y perdant à la recherche de ce qui émeut le cœur et remue les sentiments: et l'empire de l'idéal est si grand chez elle que c'est à peine si son esprit ose baisser les yeux sur la terre.

Mme Itey n'a jamais dû froisser personne, tant l'esprit de bonté et celui de bienveillance sont marqués chez elle. — Si peu y sont indiqués ceux de sarcasme, de moquerie, de pointe et médisance. La qualité va même jusqu'au dévoûment et je mets en fait qu'elle a dû en souffrir, en ce qui est d'elle-même, comme déception, — comme ingratitude, en ce qui est des autres.

L'orgueil, chez elle, est timide et craintif, si je puis m'exprimer ainsi, ce qui le retient dans son expansion et le garde au cœur de la femme, laquelle sait ce qu'elle vaut. Mais ne se pare pas de son mérite comme certaine; car elle est modeste, gardant son admiration pour les autres plus que pour elle-même. Son esprit a plus d'analyse que de synthèse, mais il porte sur les deux, alternant de l'une à l'autre; il est donc intuitif et raisonneur tout à la fois, déductif et primesautier du même ensemble. Il tend à la justice et à la raison.

L'imagination de notre auteur se promène

plus qu'elle ne court les champs! Ce n'est pas une folle qui met tout au pillage, mais une rêveuse qui cherche les coins du ciel pour s'y réfugier; elle enfante facilement et sans difficultés. Ce qui peut lui manquer (car je ne lis mes auteurs qu'après les avoir traduits), c'est un peu de feu ou ardeur à la lutte.

Sa volonté, ardente en certains cas, manque de force sur elle-même : Elle commande et domine, mais ne tyrannise jamais; elle frappe quelquefois, peut se décourager, mais ne s'entête ni ne s'opiniâtre en rien.

Mme Itey est sincère dans ses affections et je ne l'accuserai pas de me flatter, car les choses gracieuses qu'elle m'adresse ont leur esprit motivé dans la manière dont elle écrit mon nom; son graphisme affirmant ce que sa plume écrit.

L. Mond.

Lyon, 22 juillet 1886.

A ce portrait, voici ce que notre bienveillant modèle nous a répondu :

« SAVANTE MADAME,

« Votre lettre me trouve partant pour Rouen, « mais au risque de manquer le train, je veux, « au galop de la plume, écrire quelques lignes « pour vous autoriser d'insérer mon portrait « graphologique dans le *Magicien* et rendre hom- « mage à votre grand talent.

« Tous ceux qui me connaissent me recon- « naîtront bien dans votre étude graphologique. « Il est vrai, je monte facilement dans les « nuages ; l'empire de l'idéal est grand chez « moi ; à peine si mon esprit baisse les yeux sur « la terre ; je ne fais pas attention aux petitesses « qu'on pourrait me faire. Il est vrai que je n'ai « jamais froissé personne ni dit du mal d'aucun, « j'aime à louer plutôt qu'à blâmer, c'est dans « ma nature ; je souffre si j'entends médire de

« quelqu'un; j'ai souffert des ingratitudes, tout « est vrai.

« Je suis timide et craintive, j'ai bien un peu « d'orgueil de mes travaux, de mes succès, mais « je n'en fais pas parade; j'ai plus d'admiration « pour les autres que pour moi.

« Je suis généreuse et souffre quand je ne « puis pas donner autant que je le voudrais; là « encore tout est vrai.

« En attendant le plaisir de vous lire, je pré- « sente mes compliments au célèbre *Magicien* « Lyonnais et ma profonde admiration à son « grand génie.

« EMILIE ITEY jeune. »

LETTRES D'APPRECIATION

CONCERNANT

La première édition du livre de Mme Itey

BIBLIOGRAPHIE

Reflets de mes Pensées, par Mme Emilie Itey. — Ferret, libraire-éditeur, cours de l'Intendance, Bordeaux. Prix : 5 fr. — Ce livre, imprimé sur beau papier, n'est pas un travail de longue haleine, mais un assemblage de pièces diverses, telles que discours, conférences, lettres, pièces de vers, etc....., le tout empreint de ce haut cachet de moralité qui ne se retrouve que chez la femme de cœur; et, nous pouvons l'affirmer, puisque nous avons scruté son graphisme, Mme Itey est femme de cœur entre toutes celles qui le sont. De même, elle est poète, et sa poésie douce et affectueuse ressemble à un baiser d'innocente caresse; rien de hardi, rien d'échevelé en elle, mais ce je ne sais quoi qui rassénère et tranquillise.

Cette poésie, nous la retrouvons dans la prose de Mme Itey aussi bien que dans ses vers, et nous ne saurions dire si elle est plus sympathique là que là; cependant, et à notre avis, elle aurait plus de couleur et de montant dans cette dernière que dans l'alignement des vers, son auteur se sentant si bien à l'aise dans tout ce qui est facilité de cœur et de bienveillance. Disons aussi, pour expliquer notre opinion en fait de poésie, que nous avons une tendance naturelle pour le caillouté et rabotteux des esprits forts et énergiques et, où est la tendance, on va plus facilement.

Mme Itey est institutrice, et tous ses discours, toutes ses conférences roulent sur la femme et son éducation, toutes ses lettres s'adressent à des autorités civiles, religieuses et universitaires; plusieurs sont à ses amies et à ses élèves, mais tous et toutes sont écrits de ce style qui prend le cœur, de ce style facile, souriant, modeste, relevé et comme enluminé d'honnêteté et grandeur d'âme. On admire la femme comme écrivain et l'on tend à elle comme ami et admirateur de son grand esprit de bienveillance.

Les *Reflets de mes Pensées* est donc tout à la fois un livre bien écrit et bien pensé, un livre qu'on peut mettre entre toutes les mains et que nous recommandons chaleureusement aux mères de famille qui nous lisent ainsi qu'aux jeunes femmes qui voudraient l'initier aux principes de la plus haute vertu ; et cela sans fatigue ni ennui, la lecture en étant facile et agréable : facile par son style coulant, agréable par le charme des pensées.

LOUIS MOND.

Reflets de mes Pensées, Recueil de prose et de poésies diverses, par Mme EMILIE ITEY. Un beau volume in-8°, prix, 5 fr. Bordeaux, Ferret, libraire-éditeur.

C'est un volume destiné aux délicats que vient de publier Mme Emilie Itey ; tout y flatte le goût et l'esprit. Morale irréprochable, édition splendide ! Il faut lire ce livre qui est comme une petite encyclopédie des sentiments élevés et s'arrêter un instant sur la biographie irréprochable de Mme Itey qui est en tête du volume et dont on pressent l'esprit en contemplant la physionomie douce, réfléchie et bienveillante de l'auteur.

MADAME,

Je reçois votre gracieux envoi et j'en suis charmé ! Et je vous en remercie autant que je vous félicite du beau livre que vous avez écrit.

J'ai lu avec attendrissement les *Reflets de vos Pensées.* Reflets délicats et parfumés de cette douce senteur d'honnêteté, qui se fait si rare à notre époque. C'est un bon livre que vous offrez au public un peu léger de cette fin du siècle : il sera lu, je l'espère, et je le souhaite de grand cœur.

Votre âme, très élevée et très loyale, rayonne à travers les pages émues de ce livre que l'on lit avec plaisir et que l'on relira avec fruit.

Appuyer de tels ouvrages, c'est protester contre la littérature étrange, qui s'offre à nous sous la forme séduisante du feuilleton, roman illustré.

Continuez, Madame, cette œuvre morale et édifiante que vous poursuivez avec un si noble désintéressement, marchez à la conquête du vrai, du juste et du beau. Heureuse de recueillir dans cette voie merveilleuse les applaudissements de tous les nobles cœurs.

Je presse dans les miennes vos mains vaillantes.

EVARISTE CARRANCE,

Officier de l'Instruction publique.

A Madame Emilie Hey jeune, Membre de la Société Biographique de France, auteur de Reflets de mes Pensées.

MADAME ET HONORÉE CONFRÈRE,

Je vous remercie sincèrement de l'envoi que vous avez bien voulu me faire de votre beau livre, *Reflets de mes Pensées*, et de l'intermédiaire que vous avez choisi pour me le faire parvenir, ce qui en double le prix à mes yeux.

Comme vous, Madame, je m'honore de professer pour notre chère Présidente les sentiments d'admiration et de respectueuse sympathie dont votre livre est le témoignage ; comme vous j'ai célébré, dans maintes pièces, sa beauté, son talent et ses mérites.

Je ne peux donc que vous féliciter d'avoir ainsi affirmé vos sentiments à l'auteur de *Fleurs de Cyprès*, de *Fleurs Éphémères* et des *Poèmes du Cœur;* et je relève comme particulièrement réussi, parmi d'autres poésies bien touchantes, celle intitulée : *A Madame Marie-Edouard Lenoir.* — RÉSIGNATION.

« O moderne Corinne ! ô Muse ! ô tendre mère,
« Quel sentiment profond, quelle douleur amère
« Ont inspiré vos chants.
« Pour que votre âme aimante en ait gardé l'empreinte,
« Et trouve une âpre joie en exhalant sa plainte
« Et ses regrets touchants?

. . . .

« Vous avez la beauté, la jeunesse et ses charmes,
« Qui brillent, malgré vous, même à travers les larmes,
« Comme un rayon divin.
« Changeant en diamant toute goutte de pluie,
« Ces larmes, permettez qu'une main les essuie
« Et que ce soit ma main. »

(Pages 169 et 170).

J'ai été également touché de votre sollicitude pour les enfants qui vous ont été confiés, et de votre dévouement à l'enseignement à une époque difficile. Les habitants de Tizac-de-Curton doivent vous en être bien reconnaissants ; et un zèle aussi désintéressé ne peut qu'être remarqué par ceux à qui incombe le devoir de récompenser les âmes généreuses qui ont sacrifié leurs intérêts et leur santé pour l'instruction de leurs compatriotes.

Donc, avec mes remerciements, veuillez agréer, Madame et honorée confrère, l'assurance de ma respectueuse considération.

JEHAN MADELAINE,
Directeur du journal : *Le Biographe*,
Auteur des *Sonnets traduits de Pétrarque*.

MADAME,

Monsieur le Directeur me charge de vous remercier de votre beau livre et de vous dire que votre ouvrage l'a beaucoup intéressé. La poésie est large et les vers sont bien frappés. On sent le cœur qui palpite et les sentiments qui sont pleins de chaleur.

Vous recevrez la médaille la semaine prochaine et le diplôme aussitôt qu'il sera gravé.

En attendant, veuillez agréer, Madame, l'expression de nos meilleurs sentiments..

LOUIS LE LEU,
Secrétaire de l'*Académie Littéraire et Musicale de France*,
rue de Turbigo, 60, à Paris.

MADAME,

Je vous remercie d'avoir pensé que je ne serais pas indifférent à l'hommage que vous voulez bien me faire du recueil de vos œuvres en prose et en vers.

La lecture de ces pages m'a laissé l'impression des choses saines, délicatement senties et naturellement exprimées.

En ces insinuosités charmantes auxquelles on vous pardonnera de convier le public des poètes et celui des femmes, vous n'avez qu'à gagner des sympathies; vous avez justement trouvé, sans y avoir visé, le point précis où l'esprit coudoie si bien le cœur qu'on les distingue à peine l'un de l'autre.

Agréez, je vous prie, Madame, l'assurance de mes sentiments de respectueuse confraternité.

JOSÉPHINE SOULARY.

Lyon, 8 octobre 1886.

MADAME ET HONORÉE COLLÈGUE,

Veuillez pardonner le retard que j'ai mis à vous accuser réception de votre élégant volume : *Reflets de mes Pensées.* C'est que, enchanté de tant d'élévation d'esprit, j'ai lu, relu et communiqué votre beau livre, que l'on a trouvé un consciencieux et bien précieux travail.

Je vous félicite très sincèrement de votre publication qui est une nouvelle affirmation de votre beau talent.

Recevez, chère Madame, l'expression de ma profonde admiration.

JULES-CÉSAR BLANCARD,
Saint-Pol-Trois-Châteaux (Drôme).

15 mai 1887.

Rouen, 11 septembre 1887.

A ma chère et docte Cousine à propos de l'œuvre charmante qu'elle vient de publier :

De vos nobles pensées
Les splendides reflets
Vont charmer nos veillées
Et trahir vos secrets.

EUGÈNE LUCE,
ancien notaire, licencié en droit,
Officier d'Académie,

Place de la Pucelle, Hôtel Saint-Michel, 20, à Rouen.

MA BIEN CHÈRE TANTE
ET BIEN AIMABLE ET GRACIEUSE MUSE,

Je viens vous remercier de l'envoi de votre élégant volume : *Reflets de mes Pensées.* Je l'ai lu et relu... Tout le monde devrait le lire, il perfectionnerait la société. C'est une encyclopédie de sentiments élevés, de morale pure et de bons conseils. En le lisant, l'âme s'élève et s'anoblit. Tout y respire ce haut cachet de bon goût, du grand et du beau. On y pressent l'esprit, la douceur et la bienveillance de l'auteur.

Nous sommes fiers d'avoir dans la famille une femme d'un si grand talent et d'un si bon cœur.

Merci pour ma femme, qui, de concert avec son amie, Mme Coulandre, elles ne cessent toutes deux et à chaque instant, de puiser à cette source de bien les nobles conseils qu'elle renferme.

Merci pour moi. Merci au nom de la famille; merci et doublement merci au nom de l'humanité!!!

M. Édouard Darniche me charge de vous remercier de votre cordiale hospitalité. Il ne peut revenir de sa surprise. Il n'ose croire qu'il a dîné à la table de l'illustre poète que chante la France entière.

Je suis, ma chère tante, un de vos plus grands admirateurs et votre neveu bien affectionné et bien dévoué.

Mes amitiés les plus sincères à mon oncle. Oh ! que je serais heureux de passer encore une journée auprès de vous. Quoi de plus doux, en effet, d'avoir à ses côtés la poésie et la grâce d'une tante si aimable et la bonté d'un oncle si doux.

ISIDORE RECAPUT,

Bachelier,

rue Frédéric-Bastiat, 16, Bordeaux-la-Bastide.

6 octobre 1887.

MA CHÈRE COUSINE,

Je me suis acquitté, auprès de mes bons parents, de tous les compliments dont vous m'avez chargé. Ils en sont enchantés et me prient de vous dire les choses les plus aimables de leur part.

Combien ils sont heureux de voir que vous conservez toujours pour la famille une sympathie particulière et une tendre affection.

Autant que moi, ils vous remercient de votre beau livre que nous lisons et relisons avec émotion. Oui, ma chère Cousine, nous sommes heureux d'avoir dans la famille une grande dignitaire qui, moralement, ne s'éteindra jamais. Nous vous félicitons de tous vos succès que vous méritez à tant de titres.

Croyez au dévouement de votre respectueux petit Cousin et veuillez bien agréer son essai poétique.

Je vous remercie, oh! ma bonne Cousine,
De la réception de deux jeunes inconnus,
Mais puisque devant votre talent je m'incline,
Permettez-moi de parler un peu plus.

Votre cœur maternel; ce regard sympathique,
Nous a donné la fière liberté,
De rentrer chez vous, de nous mettre en famille,
Pour y partager toute votre humanité.

Surtout cet honneur, ce talent, ces merveilles,
Diplômes, médailles, travail et succès,
Vous me rappelez ce fameux Corneille
Qui a illustré le monde par sa capacité.

Pardonnez-moi mon humble poésie
Car, certes, hélas ! elle ne mérite pas
De tomber entre les mains de Madame Émilie,
Mais Dieu qui nous guide : aussi nous aidera !...

JULES DIZIER,

Saint-Aubin-de-Blagnac.

19 février 1888.

www.ingramcontent.com/pod-product-compliance
Ingram Content Group UK Ltd.
Pitfield, Milton Keynes, MK11 3LW, UK
UKHW020530180726
13839UKWH00005B/2421

9 782329 529011